NINA

ET

LINDOR,

OU

LES CAPRICES DU CŒUR,

INTERMÉDE

EN DEUX ACTES;

Représenté pour la premiere fois sur le Théâtre de l'Opéra Comique, le Samedi 9 Sept. 1758.

Le prix est de 24 sols.

DE L'IMPRIMERIE

De BALLARD, seul Imprimeur du Roi pour la Musique, & Noteur de la Chapelle de Sa Majesté, rue Saint-Jean-de-Beauvais, à Sainte Cécile.

M. DCC. LVIII.
Avec Approbation & Permission.

Cette Piéce a été donnée par l'Auteur
aux Demoiselles B A R O N & L U Z I.

ARGUMENT
DE L'INTERMEDE.

L'Indor, défespére d'être trahi par fa Maitreffe, quitte Florence. Déguifé, il erre à l'aventure, fuivi d'un feul Valet. Une troupe de Bohémiens qui le rencontre, eft touchée de l'etat de trifteffe où elle le voit, & l'engage à refter quelque temps avec eux.

Dans le même tems, la jeune Nina, qu'on veut marier contre fon gré, fuit de la maifon de fes Parens. Le hazard la fait paffer par le bois où campe la troupe de Bohémiens. Lindor voit Nina, & en devient amoureux.

Nina, qui fe fentoit pour le Mari qu'on vouloit lui donner, une averfion infurmontable, fe prend d'amour pour Lindor. Ils deviennent Epoux, & la Piéce eft terminée par une fête de Bohémiens.

ACTEURS
DE L'INTERMÉDE.

LINDOR,	Mlle. VILETTE.
NINA, *jeune Villageoise*,	Mlle. BARON.
ZERBIN, *Valet de Lindor*,	Mlle. LUZI.
UNE BOHEMIENNE,	Mlle. BARON, C.
BOHEMIENS ET BOHEMIENNES, *dansans*.	

La Scene est dans un bois à quelque mille de Florence.

NINA ET LINDOR,

O U

LES CAPRICES DU CŒUR,

I N T E R M È D E.

ACTE PREMIER.

*Le Théâtre repréfente un bois. Dans le fond , on ap-
perçoit quelques tentes , fous lefquelles habitent
les Bohémiens.*

SCENE PREMIERE.

N I N A *feule.*

A i r.

PAUVRE Nina !
Ah ! ah !

Comme mon cœur va !
Il s'agite ,
Il palpite ,

Ah ! ah !
Comme mon cœur va !
Le mouvement d'un feuillage,
Le murmure d'un ruisseau,
Le vol d'un oiseau ,
Tout glace mon courage.
Pauvre Nina ! &c.

RECIT.

J'ai recours
A la fuite ,
Mais seule , sans secours ,
Par le hazard conduite ,
Que vais-je devenir !…
J'ai peine à me soutenir.…
Je ne puis marcher d'avantage.
Reposons-nous sous cet ombrage,

(Elle s'assied sur un gazon.)

SCENE II.

NINA, LINDOR.

(On entend le son d'une Guittarre, ou d'un Instrument qui l'imite.)

LINDOR *qu'on ne voit point.*

ROMANCE.

QUEL amour fut aussi tendre ?
Fut-il plus constante ardeur ?
O Ciel ! devois-je m'attendre,
Au coup qui frappe mon cœur !
Tu me quittes, ah ! volage,
Est-ce le prix de ma foi ?
Hélas ! l'Amant qui t'engage,
T'aimera-t-il comme moi ?
    Quel amour, &c.

*(Lindor s'éloigne, & le son de la Guittarre
    diminuant peu à peu, doit peindre cet
    éloignement)*

✳

SCENE III.
NINA, ZERBIN.

ZERBIN *sans voir Nina.*

AIR.

LA mélancolie
Eſt l'ennemie
De la vie ;
C'eſt le poiſon
De la jeune ſaiſon.
La félicité
Vient de la gaité :
Le corps eſt ſain
Quand l'ame eſt ſans chagrin.
Mon Maître toujours ſe lamente,
Il m'impatiente,
Qu'il pleure tant qu'il voudra,
Zerbin toujours rira.
La mélancolie, &c.

RECIT.

Une Maîtreſſe infidelle,
Depuis ſix mois lui trouble la cervelle ;
Elle lui préfére un Rival,
Voyez le grand mal !

Air.

Le plaifir eft de changer ;
En amour , on doit voltiger ,
Avoir toujours la même intrigue ,
Manger toujours du même pain ,
Boire toujours du même vin ,
A la fin ,
A la fin ,
Cela fatigue ,
Le plaifir eft de changer ;
En amour, on doit voltiger ,
La même intrigue ,
Le même pain ,
Le même vin ,
Cela fatigue ,
A la fin , à la fin ,
Cela fatigue.

Recit.

Craignons pourtant d'être entendus ;
Là-deffus mon Maître eft févere :
Ces propos feroient mal reçus ,
Et pourroient à mon dos valoir quelque falaire.

(*Il apperçoit Nina.*)

Mais , quel objet frappe mes yeux ?
Ah ! la gentille Paftourelle !
Qui vous amene ici , la Belle ?
Que cherchez-vous dans ces lieux ?

NINA.

Je viens d'un hameau voisin :
L'ardeur du jour, la lassitude,
M'ont arrêtée en chemin.
Mais tirez-moi d'inquiétude.
Ce bois ne m'est pas inconnu,
Souvent j'ai suivi cette route ;
     Cependant je doute
     D'avoir jamais vû
Ce que j'y remarque à cette heure.
Qui fait donc ici sa demeure ?
Instruisez-moi, de grace, sur ce point.

ZERBIN.

Je puis vous satisfaire.
Vous ne vous trompez point.
Ce lieu, pour l'ordinaire,
N'a point d'habitans,
C'est depuis peu d'instans
Que le hazard y rassemble
Quelques honnêtes brigands,
Des gens dont le métier. . . .

NINA *effrayée.*

Je tremble.

INTERMÉDÉ.

AIR.

Ah ! fans effroi,
Je ne puis vous entendre,
Ils vont me prendre
Le peu que j'ai fur moi;
Ce n'eft qu'un rien. ....
Mais c'eft tout mon bien.
Ah! fans effroi, &c.

ZERBIN.

RECIT.

Ceffez de vous épouvanter,
Vous n'avez rien à redouter,
Loin de chercher à nuire,
Ils ont l'art d'inftruire,
De ce que l'avenir promet de plus flatteur;
En regardant la.main, ils lifent dans le cœur.

AIR.

A la Fillette,
Ils prédifent un jeune Amant;
A la Coquette,
L'occafion du changement;
A l'Avare, la richeffe,
Au vieil Epoux, des enfans.
Pour les maux de toute efpèce,
Ils ont des médicamens;

Ils banniſſent la triſteſſe,
Et rendent les cœurs contens.

A la Fillette,
Un jeune Amant;
A la Coquette,
Le changement;
A l'Avare, la richeſſe,
Au vieil Epoux, des Enfans;
Ils banniſſent la triſteſſe,
Et rendent les cœurs contens.

NINA.

AIR.

Je m'imagine
Que toute la Médecine,
Pour guerir le mal que je ſens,
A des remédes impuiſſans;
Je deſire....
Je ſoupire....
Ah! ma douleur
Eſt trop avant dans mon cœur!

RECIT.

Mais vous me dites que la joie
Ne quitte point ces gens que vous vantez,
Que faut-il que j'en croye?

ZERBIN.

Que voulez-vous dire ?

NINA.

Ecoutez.

Au moment même , une voix trifte & tendre ,
Près d'ici fe faifoit entendre :
C'étoit un chant moins qu'un gémiffement ;
Eft-ce donc là l'amufement ,
De cette troupe heureufe
Que vous me peignez fi joyeufe ?
La voix peut s'amufer à chanter la douleur :
Ce n'étoit point cela ; je ne fais quelle horreur
Se mêloit à cette plainte :
Non. . . ce n'étoit pas une feinte ,
J'en juge par l'état où fe trouve mon cœur.
Quel eft donc ce Chanteur ?

ZERBIN.

C'eft . . . .

NINA.

He bien ?

ZERBIN.

Un malade ,

Que la troupe prétend guerir
D'une humeur trifte & mauffade.

NINA.

D'où ce mal a-t'il pû venir ?

ZERBIN.

Lindor eſt riche, aimable, à la fleur de ſon age;
Quand il devoit ſe croire heureux,
On a trahi ſes feux;
D'une infidélité ſon malheur eſt l'ouvrage.

AIR.

Ne peut-on, une bonne fois,
Fuir tous les jolis minois!
Combien les Belles
Dérangent de cervelles!
Hélas! malgré leurs méchans tours,
On y revient toujours.

RECIT.

Le chagrin que mon Maître endure,
Toucheroit l'ame la plus dure.

NINA *à part.*

Hélas! peut être en ce moment,
Ma rigueur inhumaine,
Fait gémir dans la même peine,
Mon malheureux Amant!

SCENE IV.

NINA, ZERBIN, TROUPE DE BOHEMIENS.

(Les Bohémiens entrent en danſant ; ils environ-
nent & careſſent Nina , & lui témoignent leur
ſurpriſe & leur joie.)

UNE BOHEMIENNE.

AIR.

(Pendant que la Bohémienne chante cet air , une
autre Bohémienne danſe autour de Nina.)

QUELLE grace ! que d'attraits !
Eſt-ce la Reine de Cythere ?
Sous l'habit d'une Bergere ,
Vient-elle honorer ces forêts ?

(On danſe.)

UNE BOHEMIENNE.

AIR.

Sur les biens & les maux du monde ,
C'eſt à nous de prononcer ;
Notre ſcience profonde
Peut les annoncer ;

Mais c'eſt dans des yeux charmans
Que l'Amour tient ſon empire ;
Ils font la joie ou le martire
Des Amans.

(Pendant qu'on danſe, arrive Lindor : il eſt vêtu
d'une longue robbe : un grand bonnet lui cou-
vre un peu la phyſionomie.)

SCENE V.
LINDOR, ZERBIN, NINA.

(Les Bohémiens, après avoir danſé, ſe retirent
dans le fond du Théâtre.)

LINDOR *appercevant Nina.*

L'Aimable Enfant ! qu'elle a de charmes !
(à Zerbin.)
Zerbin, quelle eſt cette jeune beauté ?

ZERBIN.

Je m'étois en ces lieux un moment arrêté :
Je l'ai trouvé, elle verſoit des larmes.

LINDOR.

Hélas ! qui cauſe ſa douleur ?
Si jeune encore, connoît-on le malheur ?
(à Nina.)
A votre ſort je m'intéreſſe :
Objet charmant, calmez cette triſteſſe.
AIR.

AIR.

Si l'on voit l'Aurore
Repandre des pleurs,
C'eſt pour faire éclorre
De nouvelles fleurs.
Vos yeux ne doivent s'ouvrir
Que pour inſpirer le plaiſir.
Si l'on voit, &c.

RECIT.

Confiez-moi votre peine,
La plus ſincere amitié,
Tout à coup vers vous m'entraîne.

NINA.

Je ſuis bien digne de pitié.
Je ne ſais à mon tour quelle force ſoudaine
M'engage à vous ouvrir mon cœur :
Apprenez quel eſt mon malheur.
Philinte & moi dans le même hameau
Nous avons reçu la naiſſance ;
A peine nous ſortions tous les deux du berceau,
Qu'on réſolut notre a'liance :
Nos familles vouloient, par ce lien nouveau,
Reſſerrer leur intelligence.

B

Sous les yeux de nos parens ,
Nous vivions, nous croiffions enfemble ;
Ce que l'enfance raffemble
De jeux & d'amufemens ,
Nos plaifirs, nos petites peines ,
Tout , par d'agréables chaînes ,
Uniffoit nos fentimens.

AIR.

Tel , dans un jardin ,
Près de la rofe ,
A peine éclofe ,
Croît le jafmin ;
Ces deux jeunes fleurs ,
Mêlent leurs couleurs ;
Chaque jour Zéphir
Les rend plus charmantes ,
Leurs branches naiffantes
Vont bientôt s'unir.

LINDOR.
RECIT.

Quel bonheur , ce recit me paroît annoncer ?
Le fort l'a-t'il pû traverfer ?

NINA.

Nous arrivions à l'âge ,
Qui , de notre mariage ,

Annonçoit déja le jour ;
Quel changement ! quel retour !
Philinte , qui m'étoit si cher dans notre enfance ,
N'a bientôt éprouvé que mon indifférence.
Envain je l'ai vû soupirer ,
Gémir , se désespérer ,
M'accuser de caprice ,
Me reprocher mon injustice.
Philinte , je l'avoue , est digne de charmer ;
Je le plains , je l'estime , & je ne puis l'aimer.
Je fuis l'Hymen où l'on veut me contraindre ;
Je ne sais quel sera mon sort ,
Mais la plus affreuse mort
Seroit pour moi moins à craindre.

LINDOR.

Votre cœur pour un autre est peut-être sensible ?

NINA.

Non , jusqu'à ce moment rien n'a pû le toucher ;
Je n'ai rien à me reprocher ,
Que la répugnance invincible ,
Que de mon cœur je ne puis arracher.
Pour éviter un Hymen que j'abhorre ,
J'ose implorer votre secours ;
Je vous le dis encore ,
Avant d'y consentir , je trancherai mes jours.

LINDOR.

Dans cette solitude,
Demeurez sans inquiétude.

AIR.

Ce séjour est sûr & tranquille :
Je voudrois pouvoir vous offrir
Un plus agréable azyle,
Mais vous allez l'embellir.

SCENE VI.

LINDOR *seul.*

AIR

QUELLES sont tes injustices !
Il n'est donc que des supplices,
Amour, pour ceux qui vivent sous ta loi ?
La plus sincere ardeur, la plus constante foi,
Rien ne sauve de tes caprices :
Il n'est donc que des supplices,
Amour, pour ceux qui vivent sous ta loi ?

Recitatif accompagné.
J'ai brûlé pour une Infidelle,
Sa trahison a déchiré mon cœur ;
Une Bergere cruelle
D'un tendre Amant fait le malheur.

Reprise de l'air.

Quelles font tes injuftices !
Il n'eft donc que des fupplices,
Amour , pour ceux qui vivent fous ta loi ?

Recitatif accompagné.

Mais quel mouvement de tendreffe ,
Semble encore furprendre mon cœur ?
Eft-ce un nouveau trait qui me bleffe ?

AIR.

Une feconde fois ferois-tu mon vainqueur ,
Amour ? ah ! finis tes caprices,
Repare tes injuftices,
Regne fur moi , pour faire mon bonheur.

Fin du premier Acte.

ACTE II.

SCENE PREMIERE.

ZERBIN *seul.*

AIR.

ETTE Poulette,
Semble faite
Pour Zerbin,
Mon heureux deftin,
Ici me l'amene.
Ah ! la bonne aubaine !
Réjouis toi, Zerbin.

RECIT.

Je vais lui propofer
Notre mariage ;
C'eft un avantage
Qu'elle ne pourra refufer.

SCENE II.

NINA, ZERBIN.

(Nina paroît penfive.)

ZERBIN.

Nina, bon jour.

NINA.

Où donc eft votre Maître ?

ZERBIN.

Je ne l'ai point encore vû paroître.
Comme elle eft Belle ce matin !
Un doux repos a rafraîchi fon tein.
Nina , j'aurois à vous entretenir
Sur une affaire ,
Qui pourroit ne pas vous déplaire ,
En deux mots je vais finir.

AIR.

Jeune Fille ,
Gentille ,
Sans les amours
Paffe de triftes jours ;
Dans fes yeux certain feu brille ,
Certain defir petille ,

Qui dit que le nœud conjugal,
Pour jeune Fille
Gentille,
N'eſt pas un mal.

NINA.

AIR.

De l'Hymen les nœuds ſont doux ;
Mais il faut craindre ſes peines,
Pour former d'heureuſes chaînes,
L'Amour doit choiſir l'Epoux.

ZERBIN.

RECIT.

Ah ! qu'avec vous, Zerbin ſeroit heureux !
Nina.. ... répondez à mes vœux ;
De grace, devenez ma Femme !

NINA.

Monſieur Zerbin, votre flamme
S'allume bien promptement.

ZERBIN.

Vos yeux, en un moment,
Ont embraſé mon ame.

ZERBIN. *DUO.* NINA.

ZERBIN	NINA
L'éclair	
Qui fend l'air,	
A moins de vîtesse	*(ironiquement.)*
Que le trait dont l'Amour me	Ah ! la belle comparaison !
[blesse.	
Oui, l'éclair,	
Qui fend l'air,	
A moins de vîtesse	
Que le trait dont l'Amour me	Mon pauvre Ami, vous perdez
[blesse.	[la raison.
Partagez mon ardeur,	Vous me faites trop d'honneur ;
Ayez pitié de mon martyre.	Bon, bon, bon, vous voulez rire ;
J'expire ;	Non, non, non, vous voulez rire.
Ayez pitié de mon martyre,	Bon, bon, bon,
Ah ! j'expire !	Non, non, non.

NINA.

Récit.

Monsieur Zerbin, un peu de patience ;
J'éprouverai votre constance ;
Je sais vos sentimens, vous connoîtrez mon cœur.
Lindor paroît.

ZERBIN *humblement.*

Songez à votre Serviteur.

(Il s'en va.)

SCENE III.

NINA, LINDOR.

NINA *à part, voyant Lindor s'avancer.*

RECIT.

JE souhaite & je crains sa vûe !

LINDOR *à part.*

Que mon ame est émue !

AIR.

Le repos
Regne encore dans ces bocages.
Des oiseaux
A peine on entend les ramages.
Pourquoi prévenir
La naissante Aurore ?
Venez-vous ravir
A la jeune Flore
L'amour de Zéphir ?

NINA.

RECIT.

Je m'ignore moi-même :
Je suis dans un trouble extrême.

INTERMÉDE.

Recitatif accompagné.

De nouveaux defirs
Font à la fois ma peine & mes plaifirs.
Qu'eft-ce donc que je fens ? pouvez-vous me le dire ?
Par pitié,
Par amitié,
Ne refufez pas de m'inftruire.

RECIT.

Un penchant vainqueur
Vous donne ma confiance :
Votre préfence
Rend le calme à mon cœur.

LINDOR *à part.*

Cette aimable naïveté
Ajoute encor à fa beauté.
(*à Nina.*)
Mon état au votre eft femblable :
Ce que vous éprouvez , je le reffens auffi.
Depuis que vous êtes ici ,
Par un changement agréable ,
Mon chagrin eft adouci ;
Cependant mon ame en proie
A divers mouvemens
De trifteffe & de joie
Ne connoît point fes fentimens.

NINA ET LINDOR,

AIR.

Je crois entrevoir
Un rayon d'espoir,
Il disparoît ,
Ma crainte renaît.
Tels , sur les eaux,
Les Matelots ,
Sont battus des flots :
Ils touchent au port,
Le perfide sort
Leur montre la mort.

Je crois entrevoir , &c.

NINA.

AIR *tendrement.*

Près de vous je suis satisfaite :
Lindor... faut-il nous séparer ?
Vous habitez cette retraite ,
J'y voudrois toujours demeurer.

Récitatif accompagné.

Tout m'enchante en ces lieux :
La nature entiere
Paroît s'embellir à mes yeux ;
De sa lumiere ,
Le Soleil adoucit les feux ;

L'onde devient plus pure ;
La verdure
A plus de fraîcheur.
Je prends moi-même un nouvel être :
Nina commence à connoître
Les mouvemens de fon cœur.

LINDOR.

RECIT.

Vous aimez , n'en rougiffez pas ;
Avouez-le fans réfiftance.
Que le mot d'amour a d'appas
Dans la bouche de l'Innocence !

AIR.

Si le jeune âge
A l'avantage
De charmer ,
Dans le jeune âge
On doit aimer.
C'eft la jeuneffe ,
Qui , dans les Cieux ,
Verfe fans ceffe
Le nectar des Dieux :
Sa douce ivreffe ,
De leur tendreffe ,
Nourrit les feux :

Mais Hébé du divin breuvage
Entre en partage ;
Hébé boit à son tour
Le nectar & l'amour.
Si le jeune âge , &c.

NINA.

A i r *très naïvement.*

Pour moi l'amour,
Jusqu'à ce jour,
Est un mystere ;

On me disoit
Que l'on m'aimoit ,
Mais sans me plaire !

En un moment ,
Quel changement !
Je sens … que j'aime :

Qui me dira
Que l'on voudra
M'aimer de même ?

Recitatif accompagné.

Je rends Philinte malheureux ,
J'ai refusé de répondre à ses vœux :
Un autre en un instant m'enflâme ;
Un autre est maître de mon ame.

INTERMÉDE.

Reprise de l'air.

Hélas! oui... j'aime.
Qui me dira
Que l'on voudra
M'aimer de même?

LINDOR.

RÉCIT.

Quand Nina daigne aimer,
Peut-elle douter qu'on l'adore?
Que votre choix honore
L'heureux mortel qui vous a su charmer!

NINA.

Hélas! est-il possible
Qu'il vous soit inconnu!
Avant de vous avoir vû.
Mon cœur étoit-il sensible?

LINDOR *aux genoux de Nina.*

Nina.... chere Nina ...

SCENE IV.

LINDOR, NINA, LA BOHÉMIENNE.

LA BOHÉMIENNE *surprenant Lindor aux genoux de Nina.*

L'ATTITUDE est touchante :
Devant une jeune Innocente
Un Misantrope à genoux !
Monsieur Lindor , y songez-vous !

AIR.

Voilà pour l'Amour
Une grande Fête !
La belle conquête
Qu'il fait en ce jour !
Voyez la bonne mine
De ce tendre Caton !
Il ressemble à Pluton
Aux pieds de Proserpine.
Voilà pour l'Amour , &c.

RECIT.

Cet air sombre & sévére
Est-il fait pour plaire ?
Ce lugubre habillement
Annonce-t-il un Amant ?

(*à Lindor.*

(à Lindor.)
> Ne venez point avec votre tristesse,
> Effaroucher notre jeunesse.

(à Nina.)
> Nina, je sais un Epoux,
> Gai, charmant, jeune, enfin digne de vous ;
> Aux graces de la figure,
> Il fait joindre la parure :
> Il est tout fait pour la belle Nina,
> Assurément il vous plaira.

NINA *avec un peu de vivacité.*

Ah ! point du tout.

LA BOHÉMIENNE.

> Vous, Lindor, qu'on nous laisse.

LINDOR.

Mais....

LA BOHÉMIENNE.

> En ces lieux je suis maîtresse.
> Je crois en avoir dit assez.
> Vous m'entendez ... obéïssez.

(Lindor en sortant sourit à la Bohémienne,
sans que Nina s'en apperçoive.)

C

SCENE V.

NINA, LA BOHÉMIENNE.

LA BOHÉMIENNE.

En vérité, Nina, je ne vous comprends pas !
Quoi tant d'appas
Deviendroient le partage
D'un original
D'une espèce d'animal ,
Qu'on prendroit pour un Sauvage ?
D'ailleurs , il est d'une laideur . . . .
D'un maintien si désagréable. . . . .

NINA

Il me suffit de le trouver aimable.
J'en crois mes yeux ; & j'en crois plus mon cœur !

LA BOHÉMIENNE.

Cet amour là n'est qu'une fantaisie :
Il n'y faut plus songer.

NINA.

Je renoncerois à la vie
Plûtôt que de changer.

NINA.   *DUO.*   LA BOHÉMIENNE.

NINA.	LA BOHÉMIENNE.
Je perds patience.	Quelle pétulence !
Je n'écoute rien.	On veut votre bien.
Tous vos beaux avis	Croyez ma science,
Seront mal suivis.	Mon expérience.
Je n'écoute rien.	On veut votre bien.

NINA.

AIR.

D'un cœur tendre,
L'Amour regle le choix ;
Sa feule voix
Se fait entendre
D'un cœur tendre.

(On reprend le Duo.)

LA BOHÉMIENNE.

RECIT.

Je ne fonge qu'à vous fervir ;
Vous me montrez peu de reconnoiffance ;
Craignez de reffentir
L'effet de ma puiffance.

AIR *vivement.*

Si je voulois,
Mille Folets,
Ici voleroient,
Vous lutineroient,
Vous enleveroient.

NINA *achevant l'air tendrement.*

Si je perds Lindor ,
Qu'ai-je à craindre encor ?

LA BOHÉMIENNE.

RECIT.

Votre réſiſtance me laſſe :
L'effet va ſuivre ma menace.
Vos yeux pourront-ils ſoutenir
Ce que mon art va leur offrir ?

(*La Bohémienne fait quelques ſignes magiques.*
La ſimple Nina , tremblante , ſe laiſſe tom-
ber ſur le gazon. Lindor habillé galamment ,
paroît dans le fond du Théâtre ſans être ap-
perçu de Nina.)

SCENE VI.

LINDOR, NINA, LA BOHÉMIENNE.

NINA *ſans voir Lindor.*

RECIT.

CHER Amant , je t'implore ,
Vole à mon ſecours ;
Nina t'adore ,
Viens défendre ſes jours.

LINDOR *se jettant aux pieds de Nina.*

Ah ! c'eft vous qui des miens êtes la Souveraine !
Diffipez une crainte vaine ,
Recevez ma main & mon cœur.

NINA.

Lindor. . . . ô moment enchanteur !
Mais. . . . quelle métamorphofe !
Hélas ! je n'ofe
Me fier à mes yeux ;
Dans ces lieux
Je crains quelque preftige.

LINDOR.

Vous feule avez fait ce prodige.
L'ennui, la langueur , la trifteffe,
Me faifoient defcendre au tombeau :
Je femblois éprouver l'horreur de la vieilleffe :
Vous avez de mes jours ranimé le flambeau ,
Vous m'avez rendu ma jeuneffe.

A I R.

Titon aimoit une Déeffe :
Ses jours rajeunis ,
De fa tendreffe ,
Furent le prix.
Une Bergere
A fû me plaire ;

Je dois au charme de ses yeux
Ce que Titon reçut des Dieux.

RECIT.

L'Ingrate que j'aimai, fut indigne de moi.
L'Amour me dédommage
Des maux que me fit la volage ;
Il vous réservoit ma foi.
Pour ce Philinte, à qui l'on vous a destinée,
Ne craignez point de le voir vôtre Epoux ;
Un plus noble Hymenée
Se prépare pour vous :
Mes biens & ma naissance,
Me donnent dans Florence,
Un rang qu'avec Nina je prétends partager.

NINA.

Qu'entends-je ? quoi, Seigneur... la fille d'un Berger,
Je ne sais point me méconnoître ;
L'état où le Ciel m'a fait naître
M'éloigne trop de tant d'honneur ;
A vous aimer, Nina met son bonheur.
Qu'il m'auroit été doux de vivre votre Epouse !
La fortune jalouse,
Dans un degré trop bas a voulu me placer :
Lindor jusqu'à Nina ne doit point s'abaisser.
D'une telle foiblesse
Il auroit à rougir.

AIR : *très tendrement.*

Adieu , Lindor... je vous laisse :
De Nina , de sa tendresse ,
Gardez quelque souvenir :
Vous daignâtes la chérir ,
Elle y songera sans cesse
Jusqu'à son dernier soupir.

LINDOR.

Vous ne quitterez point ces lieux :
Ah ! Nina , demeurez... où ma mort à vos yeux...

NINA.

Je frémis....

LINDOR.

C'est Nina qui m'a rendu la vie ,
Et c'est Nina qui me l'aura ravie !
Un mot va décider mon sort :
Vous pouvez prononcer mon bonheur ou ma mort

LA BOHÉMIENNE.

Comment donc ? voilà du tragique ?
Une Bergere qui se pique
D'étaller de grands sentimens ,
Tels qu'on en voit dans les Romans !
Un Amoureux atrabilaire ,
Qui tantôt se meurt de langueur ,
Tantôt veut se percer le cœur !

Il faut terminer cette affaire.

Pour prendre une femme à la ville,
Seigneur, vous me semblez d'humeur trop peu facile,
Vous seriez l'un pour l'autre un assez mauvais lot,
Une Bergere est votre vrai balot.
Pour vous, Nina, ce seroit grand dommage
De renfermer tant d'attraits au village,
Mariez-vous, & que vos feux constans
Nous rappellent le bon vieux temps.

AIR.

De la simpathie
Les traits sont vainqueurs;
Sa douce magie
Asservit les cœurs.
Le Ciel nous fait naître
Pour aimer,
Et c'est elle qui fait connoître
L'objet qui doit nous charmer.
De la simpathie, &c.

RECIT.

(à Nina.)
Quoi! se peut-il encor que votre choix balance?
Allons, Nina, rendez-vous.

LINDOR.

L'Amour le plus sincére attend sa récompense.

NINA à Lindor.

Ah! soyez mon Amant, mon Maître, mon Epoux

SCENE VII & *derniere*.

LINDOR, NINA, LA BOHÉMIENNE, ZERBIN.

ARIETTE.

J'AI tout entendu,
Je suis confondu ;
Je suis, … je suis perdu.

LINDOR.

A-t'il le cerveau dérangé ?

ZERBIN.

J'ai mon congé.

LINDOR.

Parle, qu'as-tu ?

ZERBIN.

Je suis perdu,
Monsieur … Nina …
Pouvois-je deviner cela ?
Son œil fripon ….

LA BOHÉMIENNE.

Mais vraiment, mon garçon,
Vous avez le goût bon.

ZERBIN.

Ah *!* j'ai tout entendu ;[1]
Je fuis.... je fuis perdu.

LINDOR.

Recit.

Qu'as-tu donc à craindre ?
Dequoi puis-je me plaindre ?
Nina t'a dû charmer ;
Peut-on la voir fans l'aimer ?

Ariette.

La fenfibilité,
De tous les cœurs eft le partage :
Tous les rangs doivent leur hommage
A la Beauté.

Aux Bergers comme aux Rois,
Deux beaux yeux donnent des loix.

La fenfibilité, &c.

Recit.

Nina répond à ma tendreffe ;
Je vais devenir fon Epoux ;
Honore en elle ta Maîtreffe.

ZERBIN.

Nina,... Madame,... à vos genoux,
Par ma foi, je ne fais que dire ;
Je veux parler.... ma voix expire.

Hélas ! je m'apperçois bien,
Qu'il ne faut compter fur rien.

ARIETTE.

Pour prendre une Tourterelle ,
J'avois tendu mes lacets :
Déja le bout de son aîle
Etoit pris dans mes filets.
Ah ! pour moi quelle amertume !
Qui pourra me consoler ?
Sans qu'il m'en reste une plume ,
Je vois l'oiseau s'envoler.

RECIT.

(à la Bohémienne.)

Vous devriez , ma Belle ,
Reparer mon malheur ,
Je vous offre mon cœur ,
Zerbin sera Mari fidéle.

LA BOHÉMIENNE.

ARIETTE.

Point de mariage ;
Tu n'es qu'un volage ,
Mon art m'en instruit.
Point de mariage :
Un mauvais ménage
En seroit le fruit ;
Tu t'aviserois ,
De n'être point sage ,
Je te le rendrois.
Tu te fâcherois ,
Je hais le tapage.
Point de mariage , &c.

QUATUOR.

ZERBIN.	LA BOHÉMIENNE.	NINA ET LINDOR.
Le mariage eſt pour-[tant bon.	L'un dit oui, l'autre [non,	
	C'eſt ſelon.	
	Qu'un barbon	
	Prenne un tendron.	
Non, non, non.	Le mariage eſt-il bon?	
Ah ! fi donc.		
Le mariage eſt pour-[tant bon.	C'eſt ſelon.	L'amour & la raiſon
		M'ont fait le plus ai-[mable don,
Ah ! trs-bon,	Ah ! très-bon,	Le mariage eſt-il bon?
Mais très-bon.	Mais très-bon.	

ENSEMBLE.

Quand deux cœurs ſont à l'uniſſon,

L'Hymen fait un doux carillon ;

Alors le mariage eſt bon.

FIN.

Vû , permis d'imprimer à la charge d'enregiſtrement à la Chamb Syndicale , ce 9 Septembre 1758.
BERTIN.

Regiſtré ſur le Livre de la Communauté des Libraires & Imprimeurs de Paris , Nº. 3759. Conformement aux Reglemens & nottamment à l'Arrêt du Conſeil du 10 Juillet 745. A Paris le 23 Septembre 1758. P. G. LE MERCIER *Syndic.*

www.ingramcontent.com/pod-product-compliance
Lightning Source LLC
LaVergne TN
LVHW011405170726
843501LV00006B/2010